DR.OETKER
KÜCHENBIBLIOTHEK

SAUCEN & DIPS

MOEWIG

Die Rezepte sind – wenn nicht anders angegeben – für 4 Personen berechnet.

Umschlagfoto: City Food & Foto, Hamburg (Rezept siehe Seite 78)

Wir danken für die freundliche Unterstützung: Ketchum, München

VPM Verlagsunion Pabel Moewig KG, Rastatt
© Ceres Verlag Rudolf August Oetker KG, Bielefeld

Printed in Germany

ISBN 3-8118-5984-6

Inhalt

Fonds und Grundsaucen

Heller Geflügel-Grundfond (Foto)

1 kg Geflügelklein (Flügel, Hals, Herz, Magen)	**1.** Das Geflügelklein unter fließendem kaltem Wasser abspülen, trockentupfen.
1 Bund Suppengrün	**2.** Das Suppengrün putzen, waschen und
1 Zwiebel	kleinschneiden. Die Zwiebel mit der Nelke und dem Lorbeerblatt spicken. Alle Zutaten
1 Nelke	mit Wasser langsam zum Kochen bringen,
1 Lorbeerblatt	während des Kochens immer wieder abschäumen, in etwa 2 1/2 Stunden bis auf
2 l kaltes Wasser	1 Liter Flüssigkeit einkochen lassen. Durch ein Sieb gießen und entfetten.

> **Tip:** Einmal zubereitet, läßt sich der Fond zur späteren Verwendung am besten portionsweise tiefgekühlt aufbewahren.

Brauner Saucenfond

1 kg Ochsenschwanz	**1.** Den Ochsenschwanz vom Metzger in Stücke hacken lassen, unter fließendem kaltem Wasser
4 EL Speiseöl	abspülen, trockentupfen. Das Fleisch in einem
50 g Staudensellerie	Bräter unter wiederholtem Wenden im Öl anbraten und etwas Farbe nehmen lassen.
1 Zwiebel	
1 Petersilienwurzel	**2.** Das Gemüse putzen, abspülen und klein-
1 EL Tomatenmark	schneiden. Mit dem Fleisch andünsten.
1 Thymianzweig	**3.** Tomatenmark, Thymianzweig, Lorbeerblatt
1 Lorbeerblatt	und Pfefferkörner zugeben und andünsten.
6 zerdrückte schwarze Pfefferkörner	**4.** Mit Weißwein ablöschen und mit so viel Wasser auffüllen, daß der Ochsenschwanz bedeckt ist.
250 ml (1/4 l) trockener Weißwein	**5.** Etwa 2 Stunden köcheln lassen und wiederholt abschäumen. Durch ein Sieb
1,5 l Wasser	gießen, erkalten lassen und entfetten.

> **Tip:** Die Fonds sollten zunächst nicht gewürzt werden, da sie bei einer evtl. Reduktion dann eine zu intensive Würzung haben. Reduziert können die Fonds für einen schnellen Bedarf auch in kleinen Behältern eingefroren werden.

Brauner Rinderfond (Foto)

75 g durchwachsener Speck	
30 g Pflanzenfett	
1 kg Fleisch- oder Suppenknochen vom Rind	
2 Zwiebeln	
1 Bund Suppengrün	
30 g Tomatenmark	
2 l Wasser	

1. Den Speck in kleine Würfel schneiden, im Pflanzenfett auslassen.

2. Die Knochen unter fließendem kaltem Wasser abspülen, trockentupfen und in dem Fett anbraten.

3. Die Zwiebeln abziehen und fein würfeln. Suppengrün putzen, waschen und kleinschneiden. Die beiden Zutaten zu den Knochen geben und mitbräunen lassen. Tomatenmark hinzufügen und miterhitzen.

4. Das Wasser hinzugießen, zum Kochen bringen, in 2 bis 2 1/2 Stunden bis auf 1 Liter Flüssigkeit einkochen lassen, durch ein Sieb gießen.

Tip: Einmal zubereitet, läßt sich der Fond zur späteren Verwendung am besten portionsweise tiefgekühlt aufbewahren.

Helle Grundsauce

25 g Butter oder Margarine	
20 g Weizenmehl	
375 ml (3/8 l) Gemüse-, Fisch- oder Fleischbrühe	

1. Die Butter oder Margarine zerlassen, Mehl unter Rühren so lange darin erhitzen, bis es hellgelb ist.

2. Die Brühe nach und nach hinzugießen, mit einem Schneebesen durchschlagen. Darauf achten, daß keine Klümpchen entstehen.

3. Die Sauce zum Kochen bringen, etwa 5 Minuten kochen lassen und nach Belieben abschmecken.

Tip: 2 Eßlöffel gehackte Kräuter oder 2 gehäufte Eßlöffel geriebenen Meerrettich (aus dem Glas) oder 125 g geriebenen Käse unter die Sauce rühren.

Brauner Schweine-Grundfond

75 g durchwachsener Speck

30 g Pflanzenfett

1 kg Schweinefleisch-knochen

2 Zwiebeln

1 Bund Suppengrün

30 g Tomatenmark

2 l Wasser

1. Den Speck in kleine Würfel schneiden und im Pflanzenfett auslassen.

2. Die Knochen waschen, abtrocknen und in dem Fett anbraten.

3. Die Zwiebeln abziehen und fein würfeln. Suppengrün putzen, waschen und klein-schneiden. Die beiden Zutaten zu den Knochen geben und mitbräunen lassen. Tomatenmark hinzufügen und miterhitzen.

4. Das Wasser hinzufügen, zum Kochen bringen, in etwa 2 1/2 Stunden bis auf 1 Liter Flüssigkeit einkochen lassen und durch ein Sieb gießen.

Brauner Kalbs-Grundfond

30 g Pflanzenfett

1 kg Fleisch- oder Suppenknochen vom Kalb

2 Zwiebeln

1 Bund Suppengrün

30 g Tomatenmark

2 l Wasser

1. Das Fett zerlassen. Die Fleisch- oder Suppenknochen unter fließendem kaltem Wasser abspülen, trockentupfen und in dem Fett anbraten.

2. Die Zwiebeln abziehen und fein würfeln. Das Suppengrün putzen, waschen und klein-schneiden, die beiden Zutaten zu den Knochen geben und mitbräunen lassen.

3. Das Tomatenmark hinzufügen, mit-erhitzen. Wasser hinzugießen, zum Kochen bringen, etwa 2 Stunden ziehen lassen und durch ein Sieb gießen.

> **Tip:** Einmal zubereitet, läßt sich der Fond zur späteren Verwendung am besten portionsweise tiefgekühlt aufbewahren.

Wildbrühe/Wildfond

500 g Wildparüren
(Abschnitte, Lappen und
Knochen)

2 EL Butterschmalz

1 mittelgroße Zwiebel

2 Möhren

1 Knollensellerie

1 Stange Porree (Lauch)

2 EL Tomatenmark

2 Lorbeerblätter

1 EL Wacholderbeeren

4–5 Pfefferkörner

2–3 Nelken

250 ml (1/4 l) Rotwein

1 3/4 l Wasser oder
Gemüsebrühe

1 Zweig Rosmarin

1 Zweig Thymian

1 Zweig Majoran

2–3 EL Johannisbeergelee

1. Die Wildparüren unter fließendem kaltem Wasser abspülen, kleinschneiden oder -hacken, nochmals abspülen und trockentupfen. Butterschmalz in einem Topf erhitzen und die Wildparüren darin unter Rühren kräftig anbraten.

2. Die Zwiebel abziehen und grob würfeln. Möhren und Sellerie putzen, schälen, waschen und in Würfel schneiden. Porree putzen, längs halbieren, gründlich waschen und in dünne Ringe schneiden. Gemüse zum Fleisch geben und unter Rühren mitbraten. Tomatenmark unterrühren und durchdünsten.

3. Die Lorbeerblätter, Wacholderbeeren, Pfefferkörner und Nelken in einem Mörser fein zerreiben und Fleisch und Gemüse damit bestreuen. Wein und Wasser oder Brühe hinzugießen und zum Kochen bringen.

4. Den Rosmarin, Thymian und Majoran unter fließendem kaltem Wasser abspülen und mit Johannisbeergelee in die Brühe geben. Alles in einem großen Topf zum Kochen bringen und bei schwacher Hitze 3 Stunden köcheln lassen.

5. Zwischendurch von der Brühe (Fond) den sich bildenden Schaum mit einem Schaumlöffel abheben. Die fertige Brühe durch ein Sieb gießen. Den Fond weiterverwenden oder portionsweise einfrieren.

Warme Saucen

Chinesische Sauce (Foto)

100 ml Sojasauce
100 ml trockener Weißwein (Riesling oder Silvaner)
2 EL Essig
2–3 Knoblauchzehen
1 Msp. Ingwerpulver
1 EL Zucker
2 Sternanis
1/2 Zimtstange
5 Nelken
1 EL Speisestärke
Wasser
2 EL Tomatenketchup
Salz
frisch gemahlener Pfeffer

1. Sojasauce, Wein und Essig mit Wasser auf 250 ml (1/4 l) ergänzen und erhitzen.

2. Den Knoblauch abziehen, hacken und in die Sauce geben.

3. Mit Ingwer, Zucker, Sternanis, Zimt und Nelken würzen und etwa 30 Minuten köcheln lassen. Sauce durch ein Sieb gießen.

4. Die Speisestärke mit etwas kaltem Wasser anrühren, die Sauce damit binden. Tomatenketchup einrühren.

5. Einmal aufkochen lassen und mit Salz und Pfeffer abschmecken.

> **Tip:** Schmeckt zu Fischfilet, Schweinefleisch und Geflügel sowie zu ausgebackenen Scampi und Tintenfischringen.

Pfeffersauce

1 Zwiebel
125 ml (1/8 l) Rotwein
1 EL grob gemahlener Pfeffer
375 ml (3/8 l) Wild-Grundfond
50 g kalte Butter

1. Die Zwiebel abziehen und fein würfeln. Den Rotwein mit den Zwiebelwürfeln und dem Pfeffer zum Kochen bringen, zur Hälfte einkochen lassen, mit Wild-Grundfond auffüllen, zum Kochen bringen, etwa 5 Minuten kochen lassen und durch ein Sieb gießen.

2. Die Sauce von der Kochstelle nehmen und die Butter flöckchenweise mit einem Schneebesen unterschlagen.

> **Tip:** Zu Reh- oder Hirschkeule reichen.

Currysauce mit Bohnen (Foto)

250 g grüne Bohnen
1 Zwiebel
1 EL Butterschmalz
1–2 TL Currypulver
300 ml Hühner- oder Fleischbrühe
1 sehr reife Banane
1 rote Peperoni
Salz
frisch gemahlener Pfeffer

1. Die Bohnen waschen, Fäden abziehen, und die Bohnen sehr schräg in Streifen schneiden.

2. Die Zwiebel abziehen und fein würfeln.

3. Das Butterschmalz erhitzen, die Bohnen hineingeben. Das Currypulver darüberstäuben, die Brühe hineingießen und das Ganze zugedeckt 10 Minuten garen.

4. Die Banane schälen und mit einer Gabel zerdrücken. Die Sauce damit binden.

5. Die Peperoni waschen, halbieren, entkernen, in Streifen schneiden und in die Sauce geben. Mit Salz und Pfeffer abschmecken.

> **Tip:** Die Sauce kann pikant bis scharf abgeschmeckt werden. Sie paßt zu Geflügel, hellem Fleisch oder Leber.

Käsesauce

30 g Butter oder Margarine
35 g Weizenmehl
500 ml (1/2 l) Fleischbrühe oder halb Fleischbrühe, halb Milch
150 g Gouda
Salz
frisch gemahlener Pfeffer
geriebene Muskatnuß

1. Die Butter oder Margarine zerlassen, das Mehl unter Rühren so lange darin erhitzen, bis es hellgelb ist, Brühe hinzugießen, mit einem Schneebesen durchschlagen. Darauf achten, daß keine Klümpchen entstehen.

2. Den Käse reiben und unterrühren. Die Sauce zum Kochen bringen, etwa 10 Minuten kochen lassen, mit Salz, Pfeffer und Muskatnuß abschmecken.

> **Tip:** Zu Tortellini oder Ravioli reichen.

Basilikum-Schaumsauce (Foto)

500 g Hühnerklein,
z. B. Flügel, Magen, Hals

1 EL Butter

1 Zwiebel

1 TL Pfefferkörner

400 ml Wasser

250 ml (1/4 l) Weißwein

1 Eigelb

2 EL Schlagsahne

Salz

frisch gemahlener Pfeffer

2 EL gehacktes, frisches
Basilikum

1. Das Hühnerklein abspülen, trockentupfen, Butter zerlassen und das Hühnerklein darin rundum bräunen. Die Zwiebel abziehen, halbieren und in Streifen schneiden. Mit den Pfefferkörnern zum Hühnerklein geben.

2. Das Wasser dazugießen und zuerst mit Deckel 45 Minuten, dann noch einmal ohne Deckel 15 Minuten ziehen lassen.

3. Den Fond durch ein Sieb gießen, den Weißwein zugeben und bei großer Hitze im offenen Topf auf etwa 200 ml Flüssigkeit einkochen. Mit Eigelb und Sahne verrühren, die Sauce damit legieren.

4. Mit dem Schneebesen schaumig aufschlagen, mit Salz und Pfeffer abschmecken und das gehackte Basilikum unterrühren.

> **Tip:** Schmeckt zu gebratenen Geflügelstücken.

Senfsauce

35 g Butter oder Margarine

15 g Weizenmehl

250 ml (1/4 l) Milch

125 ml (1/8 l) Schlagsahne

2 schwach geh. EL
mittelscharfer Senf

Salz

Zitronensaft

Zucker

1. Die Butter oder Margarine zerlassen. Das Mehl unter Rühren so lange darin erhitzen, bis es hellgelb ist.

2. Milch und Sahne hinzugießen und mit einem Schneebesen durchschlagen. Darauf achten, daß keine Klumpen entstehen.

3. Die Sauce zum Kochen bringen und etwa 5 Minuten kochen lassen. Den Senf in die Sauce geben, mit Salz, Zitronensaft und Zucker abschmecken.

Wildsauce mit Möhren (Foto)

1 mittelgroße Zwiebel

3 Möhren

1 EL Butterschmalz

3 TL Weizenmehl

5 zerdrückte Wacholderbeeren

100 ml dunkler Wildbratenfond

250 ml (1/4 l) Rotwein

50 g Stockschwämmchen

1. Die Zwiebel abziehen und würfeln. Die Möhren putzen, schälen, waschen, in kleine Stücke schneiden oder nach Belieben olivenförmig schnitzen.

2. Das Butterschmalz erhitzen, Zwiebel darin andünsten. Die Möhren dazugeben und mitdünsten lassen. Das Mehl darüberstäuben und durchdünsten lassen, Wacholderbeeren hinzufügen.

3. Mit Wildbratenfond und Wein ablöschen, zum Kochen bringen und 10 Minuten kochen lassen.

4. Die Stockschwämmchen putzen, mit Küchenpapier abreiben (evtl abspülen), trockentupfen und in die Sauce geben. Zum Kochen bringen und etwa 5 Minuten kochen lassen.

Tip: Zu kurz gebratenen Wildsteaks reichen.

Steinpilzsauce

2 Pck. getrocknete Steinpilze (etwa 8 g)

375 ml (3/8 l) Gemüsebrühe

25 g Butter oder Margarine

20 g Weizenmehl

Salz

frisch gemahlener Pfeffer

1. Die Steinpilze in der Brühe etwa 30 Minuten einweichen.

2. Die Butter oder Margarine zerlassen. Das Mehl unter Rühren so lange darin erhitzen, bis es dunkelbraun ist. Die Pilze und Einweichflüssigkeit nach und nach zu der Mehlschwitze gießen, mit einem Schneebesen durchschlagen. Darauf achten, daß sich keine Klümpchen bilden.

3. Die Sauce zum Kochen bringen und etwa 5 Minuten schwach kochen lassen.

4. Mit Salz und Pfeffer abschmecken.

Burgundersauce (Foto)

1 Markknochen	
1 Frühlingszwiebel	
2 kleine Möhren	
50 g Knollensellerie	
250 ml (1/4 l) Burgunderwein	
1/2 TL Fleischextrakt	
Salz	
frisch gemahlener Pfeffer	
1 Prise Thymian	
75 g kalte Butter	

1. Das Mark aus dem Knochen lösen, würfeln und bei mittlerer Hitze in einer tiefen Pfanne auslassen.

2. Von den Frühlingszwiebeln nur das Weiße putzen, waschen und würfeln. Möhren und Sellerie waschen, schälen und in sehr kleine Würfel schneiden.

3. Die Markgrieben aus dem Fett heben und wegwerfen. Im Fett das Gemüse mittelbraun schmoren.

4. Den Burgunder hineingießen und den Fleischextrakt darin auflösen.

5. Bei großer Hitze auf die Hälfte einkochen, kräftig mit Salz, Pfeffer und Thymian würzen.

6. Die Butter stückchenweise mit dem Schneebesen in den kochenden Fond einrühren und die Sauce sofort servieren.

Paßt zu dunklem Fleisch.

> **Tip:** Sparen Sie nicht am falschen Ende: Je besser der Rotwein ist, desto köstlicher ist die Sauce.

Schinkensauce

200 g gekochter Schinken
20 g Butter oder Margarine
375 ml (3/8 l) brauner Fleischfond
Salz
frisch gemahlener Pfeffer
3–4 EL Portwein

1. Den Schinken in kleine Würfel schneiden. Butter oder Margarine zerlassen und die Schinkenwürfel darin andünsten.

2. Den Fleischfond hinzugießen, zum Kochen bringen und etwa 5 Minuten kochen lassen.

3. Die Sauce mit Salz und Pfeffer würzen und den Portwein unterrühren.

> **Tip:** Zu Lammbraten oder Hammelrücken reichen.

Kresse-Hollandaise (Foto)

200 g Butter
4 Eigelb
6 EL Weißwein
Salz
frisch gemahlener Pfeffer
Zucker
Zitronensaft
1/2 Kästchen Kresse

1. Die Butter zerlassen und etwas abkühlen lassen. Das Eigelb mit dem Weißwein im Wasserbad so lange schlagen, bis die Masse dicklich ist, dann aus dem Wasserbad nehmen.

2. Die Butter nach und nach unterschlagen. Die Sauce mit Salz, Pfeffer, Zucker und Zitronensaft abschmecken und bis zum Verzehr im Wasserbad warm halten, damit sie nicht gerinnt.

3. Die Blättchen von der Kresse abschneiden, vorsichtig abspülen, trockentupfen und unter die Sauce rühen. Sofort servieren.

> **Tip:** Zu Fisch, Kalbslendchen oder Spargel reichen.

Warme Zitronensauce

500 ml (1/2 l) Fleischbrühe
8 Eigelb
Saft von 2 Zitronen
Salz
frisch gemahlener weißer Pfeffer
geriebene Muskatnuß
2 EL griechischer Weinbrand

1. Die Brühe im Wasserbad erhitzen, jedoch nicht kochen lassen.

2. Eigelb mit Zitronensaft gut verschlagen und einige Eßlöffel heiße Brühe unterrühren.

3. Dann die Eiermasse in dünnem Strahl unter ständigem Rühren unter die Brühe schlagen. Unter Rühren so lange erhitzen, bis die Flüssigkeit dicklich wird.

4. Die Sauce mit Salz, Pfeffer, Muskatnuß und Weinbrand abschmecken.

> **Tip:** Zu kurzgebratenem Filet oder Fisch reichen.

Sauce Hollandaise (Foto)

200 g Butter	
2 Eigelb	
2 EL Weißwein	
Zitronensaft	
Salz	
frisch gemahlener Pfeffer	

1. Die Butter zerlassen und etwas abkühlen lassen.

2. Das Eigelb mit dem Weißwein im Wasserbad so lange schlagen, bis die Masse dicklich ist (nur lauwarm halten, Masse gerinnt sonst). Die Schüssel aus dem Wasserbad nehmen und die abgekühlte Butter langsam darunterschlagen.

3. Die Sauce mit Zitronensaft, Salz und Pfeffer abschmecken.

> **Tip:** Die Sauce Hollandaise zu Spargel, Brokkoli oder hellem Gemüse reichen.

Sahne-Kräuter-Sauce

40 g Butter oder Margarine
25 g Weizenmehl
250 ml (1/4 l) Kochflüssigkeit oder heller Grundfond
3 EL feingehackte Kräuter, z.B. Petersilie, Dill, Basilikum
1 Eigelb
125 ml (1/8 l) Schlagsahne
Salz
Zitronensaft
feingeschnittener Schnittlauch

1. Die Butter oder Margarine zerlassen, mit Mehl bestäuben und unter Rühren so lange erhitzen, bis es hellgelb ist.

2. Die Kochflüssigkeit oder den Grundfond nach und nach hinzugießen, mit einem Schneebesen durchschlagen. Darauf achten, daß keine Klumpen entstehen. Die Sauce zum Kochen bringen und etwa 5 Minuten kochen lassen. Kräuter unterrühren.

3. Das Eigelb mit der Sahne verschlagen, die Sauce damit abziehen (nicht mehr kochen lassen), mit Salz und Zitronensaft würzen. Mit Schnittlauch bestreut servieren.

> **Tip:** Zu gekochtem Fisch oder Eiergerichten reichen.

Sauce Béarnaise (Foto)

200 g Butter	**1.** Die Butter zerlassen und etwas abkühlen lassen.
1 Zwiebel	
1 EL gehackte Estragonblättchen	**2.** Die Zwiebel abziehen und fein würfeln. Mit den Kräutern, dem Pfeffer, dem Weinessig und dem Weißwein zum Kochen bringen, etwa 5 Minuten kochen lassen, etwas abkühlen lassen.
1 EL gehackte Basilikumblättchen	
frisch gemahlener Pfeffer	**3.** Das Eigelb unterrühren und im Wasserbad so lange schlagen, bis die Masse dicklich ist. Aus dem Wasserbad nehmen. Die Butter nach und nach unterschlagen.
1 EL Weinessig	
2–3 EL Weißwein	
4 Eigelb	**4.** Die Sauce mit Salz, Pfeffer und Zucker abschmecken und bis zum Verzehr im Wasserbad warm halten, damit sie nicht gerinnt.
Salz	
Zucker	

Béchamelsauce

40 g Schinken	**1.** Den Schinken in Würfel schneiden. Butter oder Margarine mit den Schinkenwürfeln zusammen zerlassen, das Mehl unter Rühren darin erhitzen.
30 g Butter oder Margarine	
30 g Weizenmehl	
1 Zwiebel	
250 ml (1/4 l) kalte Brühe	**2.** Die Zwiebel abziehen, fein hacken und dazugeben, dünsten bis sie hellgelb ist.
250 ml (1/4 l) Milch oder Schlagsahne	**3.** Langsam nach und nach Brühe und Milch oder Schlagsahne hinzugießen.
Salz	**4.** Ständig mit einem Schneebesen durchschlagen, zum Kochen bringen und etwa 5 Minuten bei schwacher Hitze kochen lassen.
frisch gemahlener Pfeffer	
geriebene Muskatnuß	**5.** Die Sauce nach Belieben durch ein Sieb streichen und dann mit Salz, Pfeffer und Muskatnuß abschmecken.

Tomaten- und Gemüsesaucen

Sauce auf neapolitanische Art (Foto)

75 g roher Schinken	**1.** Den Schinken und den Speck in feine Würfel schneiden.
75 g durchwachsener Speck	
1 Knoblauchzehe	**2.** Die Knoblauchzehe und die Zwiebel abziehen, fein würfeln. Die Möhren putzen und schälen. Den Sellerie schälen. Das Gemüse abspülen, abtropfen lassen, kleinschneiden.
1 Zwiebel	
2 Möhren	
1 kleine Sellerieknolle	
2 EL Speiseöl	**3.** Das Speiseöl erhitzen, Butter oder Margarine hinzufügen. Die Schinken- und Speckwürfel, das Gemüse und die Kräuter darin andünsten.
20 g Butter oder Margarine	
1 EL feingehackte Petersilie	
1 EL feingehackte Basilikumblättchen	**4.** Das Gehackte hinzufügen, leicht mit einer Gabel zerdrücken, etwa 5 Minuten schmoren lassen, ab und zu durchrühren.
250 g Gehacktes (halb Rind-, halb Schweinefleisch)	**5.** Die Tomaten kurze Zeit in kochendes Wasser legen (nicht kochen lassen), in kaltem Wasser abschrecken, enthäuten und die Stengelansätze herausschneiden. Die Tomaten vierteln, entkernen, zum Gehackten hinzufügen und mit Salz und Pfeffer würzen.
750 g Tomaten	
Salz	
frisch gemahlener Pfeffer	

6. Die Sauce etwa 30 Minuten schmoren lassen. Mit Salz und Pfeffer abschmecken.

Chili-Knoblauch-Sauce

2 frische, rote Chilischoten	**1.** Die Chilischoten waschen, abtrocknen, entstielen, längs halbieren und entkernen.
3 Knoblauchzehen	
1/2 TL grobes Salz	**2.** Die Knoblauchzehen abziehen. Beide Zutaten in kleine Würfel schneiden, mit Salz in einem Mörser zu einem Brei zerstoßen (oder im Mixer pürieren).
1 Eigelb	
1 EL Semmelbrösel	
4 EL Speiseöl	**3.** Das Eigelb mit Semmelbröseln und Speiseöl in den Mörser geben, unterarbeiten und unter Rühren so viel Fleischbrühe hinzugießen, bis die Sauce cremig ist.
Fleischbrühe	

> **Tip:** Diese scharfe Sauce zu Fisch oder zu Gemüsesuppen reichen. Besonders gut paßt Chili-Knoblauch-Sauce zu ausgebackenen Scampi oder Tintenfischringen.

Tomatensauce Marseiller Art (Foto)

1 kg Tomaten

1 Knoblauchzehe

125 ml (1/8 l) Olivenöl

Salz

frisch gemahlener Pfeffer

Zucker

Zitronensaft

Kräuter der Provence

1. Die Tomaten kurze Zeit in kochendes Wasser legen (nicht kochen lassen), in kaltem Wasser abschrecken, enthäuten und die Stengelansätze herausschneiden. Die Tomaten halbieren, entkernen und in Würfel schneiden.

2. Die Knoblauchzehe abziehen, zerdrücken.

3. Das Olivenöl erhitzen, Tomatenwürfel und Knoblauch hinzufügen und mit Salz, Pfeffer und Zucker würzen.

4. Offen so lange dünsten lassen, bis eine dickliche Sauce entstanden ist. Mit Salz, Pfeffer, Zucker, Zitronensaft und Kräutern der Provence abschmecken.

Gemüsesauce

2 Fleischtomaten

1 Salatgurke (300 g)

1 grüne Paprikaschote

1 Zwiebel

6 EL Weinessig

125 ml (1/8 l) Olivenöl

Salz

frisch gemahlener Pfeffer

1 Prise Zucker

1. Die Tomaten enthäuten, entkernen und in kleine Würfel schneiden. Die Gurke schälen, halbieren, entkernen und ebenfalls fein würfeln. Die Paprika halbieren, entkernen, waschen und in Würfel schneiden. Zwiebel abziehen und sehr fein hacken.

2. Das Gemüse in eine Schüssel geben, mit dem Pürierstab etwas pürieren. Essig und Öl dazugeben. Mit Salz, Pfeffer und Zucker kräftig würzen.

3. Das Ganze so lange kräftig durchschlagen, bis sich das Öl mit den Zutaten verbunden hat. Im Kühlschrank zum weiteren Verzehr bereit stellen.

> **Tip:** Zu Kurzgebratenem und Gegrilltem reichen.

Peperonisauce (Foto)

400 g vollreife Tomaten

125 ml (1/8 l) Fleischbrühe

1 grüne Pfefferschote

2 EL eingelegte, rote Paprikastreifen

Salz

frisch gemahlener Pfeffer

1. Die Tomaten kurze Zeit in kochendes Wasser legen (nicht kochen lassen), in kaltem Wasser abschrecken, enthäuten, Stengelansätze herausschneiden. Die Tomaten halbieren, entkernen und grob hacken.

2. Die Fleischbrühe erhitzen, die Tomaten dazugeben und ziehen lassen. Die Pfefferschote waschen, halbieren, entstielen, entkernen, in Streifen schneiden, zu den Tomaten geben und mitdünsten lassen.

3. Die Paprikastreifen in die Sauce geben, mit Salz und Pfeffer abschmecken.

Tip: Die Peperonisauce zu Steaks und anderen Kurzbratstücken reichen.

Andalusische Sauce

1 Zwiebel

3 EL Speiseöl

300 g enthäutete Tomaten

1 kleine Knoblauchzehe

Salz

frisch gemahlener Pfeffer

3 EL Weißwein

250 ml (1/4 l) Lammfond

1 Prise Zucker

1 EL feingehackte Petersilie

1. Die Zwiebel abziehen und fein würfeln.

2. Das Speiseöl erhitzen, die Zwiebelwürfel darin andünsten.

3. Die Tomaten halbieren, entkernen, in kleine Würfel schneiden, zu den Zwiebelwürfeln geben und mitdünsten lassen.

4. Die Knoblauchzehe abziehen, zerdrücken und hinzufügen. Mit Salz und Pfeffer würzen und mit Weißwein ablöschen.

5. Mit Lammfond auffüllen, zum Kochen bringen, um die Hälfte einkochen lassen.

6. Die Sauce mit Salz, Pfeffer und Zucker abschmecken. Mit Petersilie bestreut servieren.

Tip: Zu Lammkoteletts oder Lammkeule reichen.

Italienische Sauce (Foto)

1 Zwiebel
150 g Champignons
1 EL Olivenöl
150 g roher Schinken
3 EL Weißwein
375 ml (3/8 l) Geflügel-bratensud oder brauner Geflügel-Grundfond
1 EL Tomatenmark
Salz
frisch gemahlener Pfeffer
dunkler Saucenbinder
feingehackte Petersilie

1. Die Zwiebel abziehen und fein würfeln. Die Champignons putzen (evtl. waschen) und fein hacken.

2. Das Olivenöl erhitzen, Zwiebelwürfel und Champignons darin andünsten.

3. Den Schinken kleinschneiden, hinzufügen und miterhitzen. Mit Weißwein ablöschen, zum Kochen bringen und mit Geflügelbratensud oder Geflügel-Grundfond auffüllen.

4. Das Tomatenmark hinzufügen, zum Kochen bringen, 5–6 Minuten kochen lassen, mit Salz und Pfeffer würzen, nach Belieben mit Saucenbinder andicken und mit Petersilie bestreut servieren.

> **Tip:** Zu Puten- oder Hähnchenkeulen reichen.

Soja-Pilz-Sauce

20 g chinesische Trocken-pilze, z. B. Mu-err-Pilze
150 ml Wasser
2 EL Cream Sherry
3 EL Sojasauce
1 EL Zitronensaft
1 Frühlingszwiebel

1. Die Trockenpilze nach Packungsanleitung in Wasser einweichen, aus dem Einweichwasser herausnehmen und abtropfen lassen.

2. Die Flüssigkeit durch ein feines Sieb geben, mit den eingeweichten Pilzen, Sherry, Sojasauce und Zitronensaft im Mixer pürieren.

3. Die Frühlingszwiebel putzen, die Knolle evtl. abziehen. Die Frühlingszwiebel waschen, würfeln und unter die Sauce rühren.

> **Tip:** Die Sauce zu Frühlingsrollen servieren.

Salatsaucen und Dressings

Basilikumsauce (Foto)

2 Tomaten (etwa 250 g)

1 Glas (200 g) Joghurt-
Salatcreme

2 Bund gehacktes Basilikum

4 EL Schlagsahne

frisch gemahlener Pfeffer

Basilikum

1. Die Tomaten kurze Zeit in kochendes Wasser legen (nicht kochen lassen), in kaltem Wasser abschrecken, enthäuten und die Stengelansätze herausschneiden. Die Tomaten vierteln und entkernen, das Tomatenfleisch pürieren.

2. Die Joghurt-Salatcreme und das Basilikum mit dem Tomatenpüree und der Sahne verrühren und mit Pfeffer würzen.

3. Die Sauce in einer Schüssel anrichten und mit Basilikum garnieren.

> **Tip:** Zu gegrilltem Fleisch reichen.

Joghurt-Creme-Sauce

1/2 Becher (75 g)
Crème fraîche

1/2 Becher (75 g) Joghurt

1 EL Speiseöl

1 TL Essig

1 Knoblauchzehe

Salz

frisch gemahlener Pfeffer

1 EL feingeschnittener
Schnittlauch

1. Crème fraîche mit Joghurt, Öl und Essig verrühren.

2. Die Knoblauchzehe abziehen, zerdrücken und unterrühren.

3. Mit Salz und Pfeffer würzen und danach den Schnittlauch unterrühren.

> **Tip:** Zu Blattsalaten oder Rohkost reichen.

Roquefort-Sahne-Sauce (Foto)

30 g Edelpilzkäse, z. B. Roquefort	**1.** Den Käse mit einer Gabel zerdrücken, nach und nach mit dem Handrührgerät mit Rührbesen die Sahne unterrühren.
125 ml (1/8 l) Schlagsahne	
Salz	**2.** Die Sauce mit Salz, Pfeffer und Zitronensaft abschmecken.
frisch gemahlener Pfeffer	
etwa 1 EL Zitronensaft	

> **Tip:** Diese Sauce zu allen herben Blattsalaten, wie Radicchio, Feldsalat, Spinat oder Endivie, reichen.

Ingwer-Curry-Dressing

1 Becher (150 g) Joghurt	**1.** Den Joghurt abtropfen lassen. Mit Ingwer, Curry, Koriander, Honig, Dijon-Senf und Ingwer-Konfitüre verrühren.
2 TL Ingwerpulver	
1 TL Currypulver	**2.** Mit Zimt und Salz abschmecken.
1/2 TL gemahlener Koriander	
1 TL Honig	
1 TL Dijon-Senf	
1 EL Ingwer-Konfitüre	
Zimtpulver	
Salz	

> **Tip:** Zu Salaten, gegrilltem Fleisch oder Fondue reichen.

Sahnesauce

150 g saure Sahne	**1.** Die Sahne verrühren, mit Zitronensaft, Zucker und Salz abschmecken.
Zitronensaft	
1 Prise Zucker	
1 Prise Salz	

> **Tip:** Zu Chicorée- oder Endiviensalat reichen. Sie können die Sauce auch zusätzlich mit 2 Eßlöffeln Speiseöl oder mit 1 Eßlöffel Milch verrühren.

Vinaigrette auf pikante Art (Foto)

3 EL Speiseöl

2–3 EL Weinessig

1 gestr. TL mittelscharfer Senf

1 kleine Zwiebel

1 hartgekochtes Ei

4 Cornichons

1 Bund Petersilie

einige gehackte Kapern

Salz

frisch gemahlener Pfeffer

1. Das Öl mit Essig und Senf verrühren.

2. Die Zwiebel abziehen und würfeln. Das Ei pellen und hacken. Die Cornichons in feine Würfel schneiden. Petersilie abspülen, trockentupfen und hacken.

3. Die Zutaten mit den Kapern unterrühren. Mit Salz und Pfeffer abschmecken.

French Dressing

4 EL Speiseöl

2 EL Essig

2 EL Rotwein

1 EL Dijon-Senf

Salz

frisch gemahlener schwarzer Pfeffer

1 Prise Zucker

2 EL gehackte Kräuter, z. B. Petersilie, Schnittlauch, Kerbel, Estragon

1. Das Speiseöl mit Essig, Rotwein und Senf verrühren.

2. Mit Salz, Pfeffer und Zucker abschmecken.

3. Die Kräuter unterrühren.

> **Tip:** French Dressing eignet sich für Blatt-, Kohl- und Fischsalate.

Teufelssauce (Foto)

2 hartgekochte Eier
2 EL Speiseöl
1 EL Senf
1 TL Essig-Essenz
1 TL Zwiebelwürfel
Salz
frisch gemahlener Pfeffer
1 Prise Zucker
1 TL gehackter Estragon
1 EL geriebener Apfel
3 EL Rotwein
1/2 TL Tabascosauce

1. Die Eier pellen. Eigelb durch ein Sieb streichen, nach und nach Öl, Senf, Essig-Essenz und Zwiebelwürfel unterrühren. Mit Salz, Pfeffer, Zucker und Estragon abschmecken.

2. Nach und nach Apfel, Wein und Tabascosauce unterrühren. Nach Belieben nochmals mit den Gewürzen abschmecken.

Kräuterdressing

1 Becher (150 g) Crème fraîche
3 EL Tomatenketchup
Salz
frisch gemahlener Pfeffer
1 Prise Zucker
Paprika, edelsüß
2 EL gemischte, gehackte Kräuter, z. B. Dill, Petersilie, Kerbel

1. Crème fraîche mit Tomatenketchup verrühren, mit Salz, Pfeffer, Zucker und Paprika würzen und Kräuter unterrühren.

> **Tip:** Das Kräuterdressing zu Kopf-, Chicorée- und Gemüsesalaten, zu Salatgurken oder als Dip zu Fleischfondue reichen.

Cocktailsauce (Foto)

125 g Mayonnaise	**1.** Die Mayonnaise mit Cumberlandsauce, Sahne, Weinbrand, Tabascosauce und Tomatenketchup verrühren.
1 TL Cumberlandsauce	
2 EL Schlagsahne	
1 TL Weinbrand	**2.** Die Sauce mit Salz, Pfeffer und Zucker abschmecken.
3 Tropfen Tabascosauce	
2 EL Tomatenketchup	
Salz	
frisch gemahlener Pfeffer	
Zucker	

Meerrettich-Apfel-Sauce

3 EL Crème fraîche	**1.** Crème fraîche mit Apfelmus und Meerrettich verrühren.
1 EL Apfelmus	
2 TL geriebener Meerrettich (aus dem Glas)	**2.** Mit Pfeffer und Salz würzen.
frisch gemahlener Pfeffer	
Salz	

Tip: Die Meerrettich-Apfel-Sauce eignet sich für Endivien-, Kopf-, Tomaten- und Selleriesalate sowie zu kaltem Fleisch.

Feine Preiselbeersauce

200 g Preiselbeerkompott (aus dem Glas)	**1.** Das Preiselbeerkompott nach Belieben durch ein Sieb streichen oder im Mixer pürieren.
3 EL Salatmayonnaise	
abgeriebene Schale von 1 Zitrone (unbehandelt)	**2.** Das durchgestrichene Preiselbeerkompott mit der Mayonnaise, der Zitronen- und Orangenschale, Senf, Zitronen- und Orangensaft verrühren.
abgeriebene Schale von 1/2 Orange (unbehandelt)	
1 TL scharfer Senf	
1–2 TL Zitronensaft	**3.** Die Sauce mit Salz und Pfeffer abschmecken.
2 EL Orangensaft	
Salz	
frisch gemahlener Pfeffer	

Tip: Die Sauce eignet sich für Wild- und Fleischsalate.

Kräuter-Sahne-Sauce (Foto)

250 g saure Sahne	**1.** Die saure Sahne mit dem Zitronensaft verschlagen.
1 EL Zitronensaft	
2 hartgekochte Eier	**2.** Die Eier pellen und fein hacken, zusammen mit den Kräutern unterrühren. Mit Zucker und Salz abschmecken.
3 EL gehackte Kräuter, z. B. Petersilie, Schnittlauch, Dill	
1 Prise Zucker	
Salz	

> **Tip:** Schmeckt besonders gut zu gekochtem Rindfleisch, kräftigem Blattsalat oder Endiviensalat.

Spargel-Vinaigrette

1 kg grüner Spargel	**1.** Den Spargel waschen und das untere Drittel schälen. Spargel in vier Portionen bündeln. Das Wasser mit Salz, Zucker und Butter zum Kochen bringen. Den Spargel hineingeben und etwa 10 Minuten zugedeckt garen. Abtropfen lassen, abkühlen lassen, auf Tellern verteilen.
375 ml (3/8 l) Wasser	
1 TL Salz	
1/2 TL Zucker	
1 TL Butter	
Für die Vinaigrette:	**2.** Für die Vinaigrette Honig mit 1 Eßlöffel heißem Spargelkochwasser verrühren. Essig, Salz, Pfeffer und Senf hinzufügen und gut verrühren. Das Öl und in Streifen geschnittene Basilikumblätter unterrühren. Über den lauwarmen Spargel träufeln.
1 TL Honig	
2 EL Sherryessig	
Salz	
frisch gemahlener Pfeffer	**3.** Das Bündnerfleisch in sehr feine Streifen schneiden und kurz vor dem Servieren darüberstreuen.
1 TL Dijon-Senf	
6 EL Nußöl	
12 Basilikumblätter	
50 g Bündnerfleisch	

Kräuter-Joghurt-Dressing (Foto)

300 g Joghurt
2–3 Schalotten
1–2 Knoblauchzehen
1 Bund Dill
1 Bund glatte Petersilie
1 Bund Basilikum
2 EL Zitronensaft
3 EL Olivenöl
Salz
frisch gemahlener Pfeffer
1 Prise Zucker

1. Den Joghurt abtropfen lassen, Schalotten abziehen und sehr fein würfeln. Knoblauch abziehen und zerdrücken.

2. Die Kräuter abspülen, trockentupfen und hacken.

3. Den Zitronensaft mit dem Öl verrühren, mit Salz, Pfeffer und Zucker würzen und alles mit dem Joghurt verrühren.

> **Tip:** Zu Salaten, gegrilltem Fleisch, Fondue oder gebackenen Kartoffeln reichen.

Salatsauce „Italia"

3 Schalotten oder 1 mittelgroße Zwiebel
1 rote Peperoni (aus dem Glas)
1 TL Kapern
3 EL Olivenöl
2 EL Weinessig
1 EL Rotwein
Salz
frisch gemahlener Pfeffer
1 Prise Zucker
1 EL gehackte Kräuter

1. Die Schalotten oder die Zwiebel abziehen und fein würfeln. Die Peperoni abtropfen lassen, entkernen und in Ringe schneiden. Die Kapern fein hacken.

2. Die drei Zutaten mit Öl, Essig und Wein verrühren, mit Salz, Pfeffer und Zucker abschmecken und die Kräuter unterrühren.

> **Tip:** Die Salatsauce „Italia" eignet sich für alle Blattsalate sowie für Gurken- und Spargelsalat.

Mayonnaisen

Zitronen-Eier-Sauce (Foto)

4 Eier

2 Zitronen (unbehandelt)

125 ml (1/8 l) kaltgepreßtes Olivenöl

Salz

grob gemahlener schwarzer Pfeffer

Zucker

1. Die Eier hartkochen, abschrecken, pellen und Eigelb herauslösen.

2. Die Zitronen auspressen. Das Eigelb im Mixer mit dem Saft pürieren. Langsam das Öl zulaufen lassen und noch einmal gründlich mixen.

3. Etwas Zitronenschale in ganz feine Streifchen schneiden und in die Sauce rühren.

4. Das Eiweiß hacken und unterrühren. Sauce mit Salz, Pfeffer und Zucker abschmecken.

> **Tip:** Schmeckt zu Roastbeef und Geflügel sowie zu kaltem Rinderschmorbraten.

Mayonnaise

1 Eigelb

1 EL Essig oder Zitronensaft

Salz

frisch gemahlener Pfeffer

1 gestr. TL Zucker

125 ml (1/8 l) Speiseöl

Senf

1. Das Eigelb mit Essig oder Zitronensaft, Salz, Pfeffer und Zucker in einer Rührschüssel mit einem Schneebesen oder mit dem Handrührgerät mit Rührbesen zu einer dicklichen Masse schlagen.

2. Darunter Öl schlagen (Bei dieser Zubereitung ist es nicht notwendig, das Öl tropfenweise zuzusetzen, es wird in Mengen von 1–2 Eßlöffeln untergeschlagen, die dem Eigelb zugefügten Gewürze verhindern eine Gerinnung.). Die Mayonnaise evtl. mit Senf, Salz und Pfeffer abschmecken.

> **Tip:** Unter die Mayonnaise nach Geschmack Joghurt rühren.

Aprikosensauce mit Curry (Foto)

100 g Aprikosen-Konfitüre

100 g Mayonnaise

1–2 TL Currypulver

Zitronensaft

1. Die Aprikosen-Konfitüre glattrühren.

2. Mit Mayonnaise und Curry verrühren. Die Sauce mit Zitronensaft abschmecken.

> **Tip:** Die Aprikosensauce zu gegrilltem Fleisch reichen.

Sauce Ravigot

1 Eigelb

Salz

125 ml (1/8 l) Olivenöl

1 TL Zitronensaft

1 kleine Zwiebel

1 EL Kapern

1 TL feingeschnittener Schnittlauch

1 TL feingehackte Petersilie

1 TL feingehackte Estragonblättchen

1 TL feingehackte Kerbelblättchen

frisch gemahlener Pfeffer

Zitronensaft

1. Das Eigelb mit Salz in einer Rührschüssel mit einem Schneebesen zu einer dicklichen Masse schlagen.

2. Erst dann tropfenweise unter ständigem Schlagen Öl hinzufügen. Zunächst nur die Hälfte der vorgeschriebenen Ölmenge nehmen. Ist die Masse steif, erst Zitronensaft hinzufügen, dann den Rest des Öls unterschlagen.

3. Die Zwiebel abziehen und sehr fein würfeln. Die Kapern sehr fein hacken. Die beiden Zutaten mit Schnittlauch, Petersilie, Estragon- und Kerbelblättchen unter die Mayonnaise rühren. Mit Salz, Pfeffer und Zitronensaft würzen.

> **Tip:** Zu kaltem Braten oder Aufschnitt reichen.

Remouladensauce (Foto)

2 hartgekochte Eier	
1 rohes Eigelb	
Salz	
125 ml (1/8 l) Speiseöl	
2 EL Essig oder Zitronensaft	
1 schwach geh. TL Senf	
1 EL Kapern	
1 mittelgroße Gewürzgurke	
2 EL gehackte Kräuter, z. B. Petersilie, Schnittlauch, Dill, Kerbel, Kresse	
frisch gemahlener Pfeffer	
1 Prise Zucker	

1. Die Eier pellen und das Eigelb durch ein Sieb streichen. Mit rohem Eigelb und Salz verrühren, dann tropfenweise unter Schlagen die Hälfte des Öls hinzufügen. Ist die Masse steif genug, Essig (oder Zitronensaft) und Senf hinzufügen. Dann erst den Rest des Öls hinzugeben.

2. Die Kapern fein hacken, die Gewürzgurke fein würfeln, zusammen mit den Kräutern zu der Mayonnaise geben, mit Salz, Pfeffer und Zucker abschmecken.

> **Tip:** Das hartgekochte Eiweiß in kleine Würfel schneiden und mit in die Sauce geben. Die Remouladensauce zu Sülze mit Bratkartoffeln oder zu kaltem Braten reichen.

Dillsauce

2–3 EL Mayonnaise	
2 EL Schlagsahne	
1 TL Essig	
1–2 Bund Dill	
Salz	
Zucker	

1. Die Mayonnaise mit Sahne und Essig verrühren.

2. Den Dill abspülen, trockentupfen, die Blättchen von den Stengeln zupfen und fein schneiden. Unter die Sauce rühren und mit Salz und Zucker würzen.

> **Tip:** Zu Fisch reichen.

Sauce Cambridge (Foto)

4 Sardellenfilets
2 EL Kapern
4 hartgekochte Eigelb
1 EL englisches Senfpulver
2 EL Essig
6 EL Speiseöl
Cayennepfeffer
feingehackter Dill
feingehackte Estragonblättchen

1. Die Sardellenfilets und Kapern sehr fein hacken und mit dem Eigelb durch ein Sieb streichen.

2. Senfpulver, Essig und Öl unterrühren und mit Cayennepfeffer abschmecken. Dill und Estragonblättchen unterrühren.

> **Tip:** Zu gegrilltem Fleisch reichen oder als Salatsauce verwenden.

Thunfischsauce

2 Eigelb
1 TL scharfer Senf
Salz
frisch gemahlener Pfeffer
Saft von 1/2 Zitrone
200 ml Olivenöl
100 g Thunfisch, natur (aus der Dose)
2 EL Kapern
1 Bund glatte Petersilie

1. Das Eigelb mit Senf, Salz, Pfeffer und Zitronensaft mit dem Handrührgerät mit Rührbesen cremig schlagen. Das Olivenöl unter ständigem Schlagen langsam hinzufügen.

2. Den Thunfisch und die Kapern pürieren. Die Petersilie waschen, trocknen und fein hacken. Die Zutaten zu der Mayonnaise geben, mit Salz und Pfeffer abschmecken.

> **Tip:** Zu gekochtem Kalbfleisch reichen.

Dips

Dip Milano (Foto)

1 mittelgroße Zwiebel	**1.** Die Zwiebel abziehen und ebenso wie die Salami in feine Würfel schneiden.
5 Scheiben (etwa 50 g) Salami	
1 Becher (150 g) Crème fraîche	**2.** Mit Crème fraîche verrühren, mit Salz und Paprika abschmecken.
Salz	
Paprika, edelsüß	

Bunter Quark-Dip

150 g Magerquark	**1.** Den Magerquark mit der Buttermilch verrühren.
4 EL Buttermilch	
1 kleine Tomate	**2.** Die Tomate kurze Zeit in kochendes Wasser legen (nicht kochen lassen), in kaltem Wasser abschrecken, enthäuten, halbieren, den Stengelansatz herausschneiden und die Tomate entkernen.
1 Sardelle	
2 Oliven	
2 TL Zwiebelwürfel	
Salz	**3.** Die Tomate, die Sardelle und die Oliven sehr fein schneiden, mit den Zwiebelwürfeln unter den Quark rühren, mit Salz, Pfeffer und gehackten Thymianblättchen würzen.
frisch gemahlener Pfeffer	
gehackte Thymianblättchen	

> **Tip:** Zu rohem Gemüse reichen.

Dip Gourmet

1 Becher (150 g) Crème fraîche	**1.** Die Crème fraîche mit Tomatenketchup und Schnittlauch verrühren.
1 EL Tomatenketchup	
1 EL feingeschnittener Schnittlauch	**2.** Den Camembert in feine Würfel schneiden, unterrühren und den Dip mit Salz und Pfeffer abschmecken.
1/2 Camembert (etwa 100 g)	
Salz	
frisch gemahlener Pfeffer	

72

Hüttenkäse-Dip (Foto)

100 g Staudensellerie
1 Bund Schnittlauch
150 g Hüttenkäse
75 g Joghurt
2 EL Sherry medium
Salz
frisch gemahlener Pfeffer

1. Den Sellerie schälen, waschen, die harten Außenfäden abziehen und den Sellerie in feine Würfel schneiden. Schnittlauch abspülen, trockentupfen und fein schneiden.

2. Beide Zutaten (bis auf etwas zum Garnieren) mit Hüttenkäse, Joghurt und Sherry verrühren.

3. Den Dip mit Salz und Pfeffer abschmecken, mit dem zurückgelassenen Sellerie und dem Schnittlauch bestreuen.

> **Tip:** Zu Pellkartoffeln oder Chicorée reichen.

Tomaten-Quark-Dip

500 g Fleischtomaten
400 g Grüner Pfeffer-Quark

1. Die Tomaten kurze Zeit in kochendes Wasser legen (nicht kochen lassen), in kaltem Wasser abschrecken, enthäuten und die Stengelansätze herausschneiden. Tomaten halbieren, entkernen und in feine Würfel schneiden. Mit Quark verrühren und in einen tiefen Teller geben.

> **Tip:** Dazu schmecken sehr gut Staudensellerie und Chicorée.

Avocado-Quark-Dip (Foto)

1–2 EL Zitronensaft
Meersalz
frisch gemahlener Pfeffer
Cayennepfeffer
1 TL Honig
1 große, reife Avocado
1 große, enthäutete Fleischtomate
1 Zwiebel
200 g Magerquark
1 kleine, rote Paprikaschote
Paprika, edelsüß
2 EL gehackte Petersilie
2 EL geschälte Sonnenblumenkerne

1. Für die Marinade Zitronensaft mit Meersalz, Pfeffer, Cayennepfeffer und Honig verrühren.

2. Die Avocado längs halbieren, entsteinen und schälen. Die Fleischtomate halbieren, den Stengelansatz herausschneiden.

3. Beide Zutaten in kleine Streifen schneiden.

4. Die Zwiebel abziehen, fein reiben und mit Magerquark verrühren.

5. Die Paprikaschote halbieren, entkernen und die weißen Scheidewände entfernen. Die Schote waschen, fein würfeln, alle Zutaten mit Paprika und Petersilie unter die Marinade rühren.

6. Die Sonnenblumenkerne in einer Pfanne ohne Fett gold-gelb rösten, über den Dip streuen.

> **Tip:** In einer ausgehöhlten Avocadohälfte servieren.

Olivendip

100 g schwarze Oliven
1 Bund Basilikum
2 große Knoblauchzehen
500 g Speisequark (40 %)
4 EL Tomatenmark
4 EL kaltgepreßtes Olivenöl
Salz
frisch gemahlener Pfeffer

1. Die Oliven entsteinen, sehr fein hacken oder pürieren. Das Basilikum vorsichtig abspülen, trockentupfen, die Blättchen von den Stielen zupfen und fein hacken. Die Knoblauchzehen abziehen und durch die Knoblauchpresse geben.

2. Die drei Zutaten mit Quark, Tomatenmark und Öl verrühren und mit Salz und Pfeffer abschmecken.

> **Tip:** Zu rohem oder gedünstetem Gemüse, zu Krustentieren, gekochtem oder gebratenem kaltem Fleisch reichen.

Roquefort-Quark-Dip (Foto)

200 g Roquefortkäse

250 g Speisequark

1/2 abgezogene Zwiebel

Zucker

frisch geschroteter Pfeffer

2 EL abgezogene, grob gehackte Mandeln

1. Den Käse mit einer Gabel zerdrücken und mit dem Quark verrühren. Die Zwiebel fein reiben, unterrühren, mit Zucker und Pfeffer würzen und bergartig auf einen Teller geben.

2. Die Mandeln in einer heißen Pfanne ohne Fett goldgelb rösten, über den Roquefort-Quark-Dip streuen.

Tip: Den Dip mit Kräckern, Weintrauben, Staudensellerie oder Möhren servieren.

Herzhafte Rohkost-Dips

100 g Blauschimmelkäse

100 g Schmand

etwas Kresse

1 Becher (150 g) Crème fraîche

4 EL Pesto (aus dem Glas)

4 EL Salatmayonnaise

4 EL Tomaten-Ketchup

1 Knoblauchzehe

einige Tropfen Tabasco

Salz

1 Prise Zucker

1. Den Blauschimmelkäse mit der Gabel zerdrücken. Den Schmand unterrühren. Die Kresseblättchen von den Stielen schneiden, abspülen, trockentupfen und über die Creme streuen.

2. Crème fraîche und Pesto verrühren.

3. Für den dritten Dip die Salatmayonnaise und den Ketchup verrühren. Den Knoblauch abziehen, durch eine Knoblauchpresse drücken und hinzufügen. Mit Tabasco, Salz und Zucker abschmecken.

Tip: Hierzu rohe Möhren, Sellerie, Paprika, Fenchel, Radieschen und Salatgurken servieren.

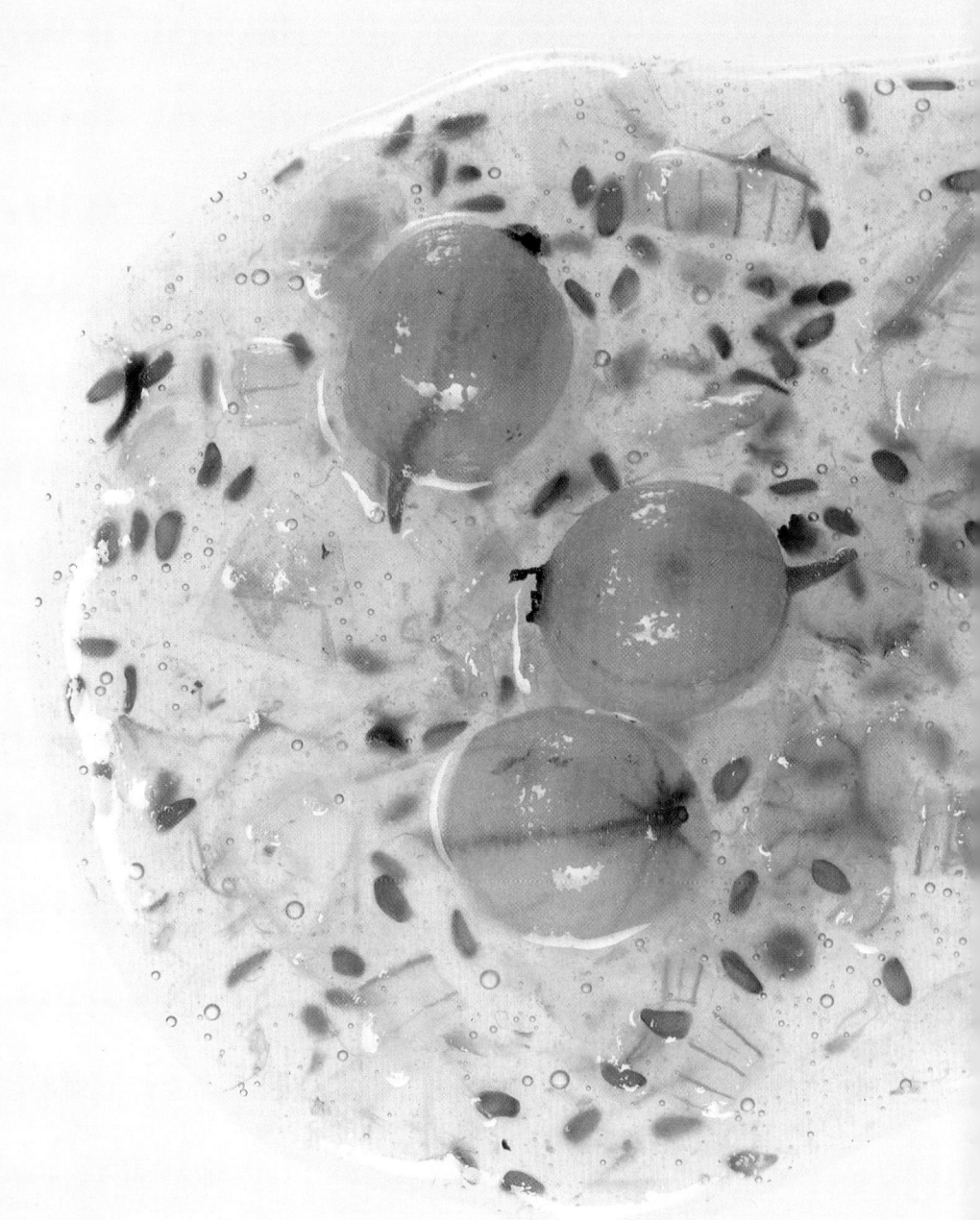

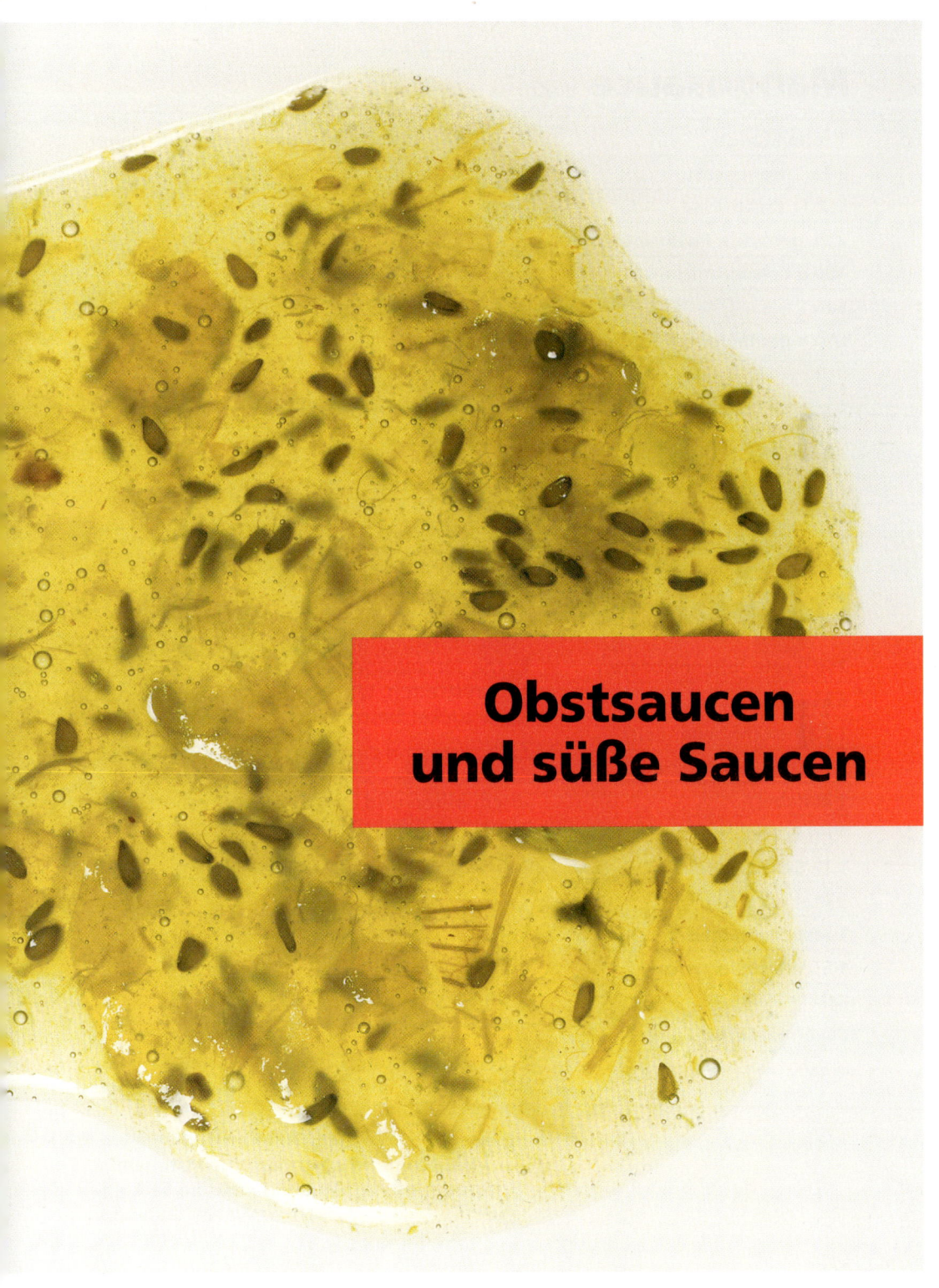

Obstsaucen
und süße Saucen

Mangosauce (Foto)

1 reife Mango
2 EL Zitronensaft
1/2 TL Chilipulver
2 EL gehackte Pistazienkerne
100 g Crème fraîche
Salz
frisch gemahlener Pfeffer

1. Die Mango schälen, das Fruchtfleisch vom Kern lösen und mit Zitronensaft im Mixer pürieren.

2. Das Fruchtfleisch mit Chilipulver und Pistazien verrühren und unter die Crème fraîche heben.

3. Die Sauce mit Salz und Pfeffer abschmecken.

> **Tip:** Die Sauce zu kaltem Braten servieren.

Cumberlandsauce

250 g rote Johannisbeeren
6 EL Gelierzucker
1 Zitrone (unbehandelt)
1 Orange (unbehandelt)
1 Zwiebel
15 g Butter
1 TL Senfkörner
3 Pfefferkörner
1 Msp. gemahlener Ingwer
1 EL Worcestersauce
Salz
Cayennepfeffer

1. Die Johannisbeeren waschen, von den Rispen streifen, leicht zerdrücken und mit Gelierzucker bestreuen.

2. Zitrone und Orange heiß waschen, jeweils ein 5 cm langes Stück Schale ganz dünn abschneiden und in sehr feine Streifen schneiden. Die Früchte auspressen.

3. Die Zwiebel abziehen und würfeln. Die Butter zerlassen und die Zwiebel darin anbraten. Den Zitronen- und Orangensaft zugießen. Die Beeren, Zitronen- und Orangenschalenstreifen einrühren.

4. Die Senf- und Pfefferkörner im Mörser zerstoßen und in die Sauce geben.

5. Mit den übrigen Gewürzen pikant abschmecken und etwa 5 Minuten kochen, dann erkalten lassen.

> **Tip:** Schmeckt zu englisch gebratenem Roastbeef oder zu Steaks. Wenn die Sauce zu dick wird, kann man etwas Wasser zugeben.

Pistaziensauce (Foto)

6 Eigelb	**1.** Das Eigelb mit dem Puderzucker verrühren.
200 g gesiebter Puderzucker	
100 g gemahlene Pistazienkerne	**2.** Die Eigelbmasse ins Wasserbad stellen, gemahlene Pistazienkerne und Milch nach und nach hinzugießen und im Wasserbad etwa 15 Minuten so lange rühren, bis eine dickliche Masse entstanden ist.
500 ml (1/2 l) kochende Milch	
1/2 Becher (75 g) Crème fraîche	**3.** Die Crème fraîche unterrühren und kurz miterhitzen, abkühlen lassen, dabei zwischendurch umrühren.

> **Tip:** Die Pistaziensauce zu Pudding oder Eis reichen.

Pikante Johannisbeersauce

2–3 Zwiebeln	**1.** Die Zwiebeln abziehen und fein würfeln. Die Butter zerlassen und die Zwiebelwürfel darin glasig dünsten lassen.
1 EL Butter	
100 g rote und schwarze Johannisbeeren	**2.** Die Johannisbeeren verlesen, waschen, abtropfen lassen und von den Rispen streifen. Die Hälfte der Beeren zu den Zwiebelwürfeln geben und etwa 5 Minuten mitdünsten lassen.
125 ml (1/8 l) Fleischbrühe	
4 EL Schlagsahne	
1 EL Weinbrand	**3.** Die Brühe mit Sahne und Weinbrand unter die Beeren rühren, zum Kochen bringen und durch ein Sieb streichen.
Salz	
Cayennepfeffer	**4.** Das Beerenmus wieder zum Kochen bringen, etwas einkochen lassen, mit Salz und Cayennepfeffer würzen. Die restlichen Johannisbeeren in die Sauce geben und kurz miterhitzen.

> **Tip:** Zu gebratener Entenbrust reichen.

Heiße Schokoladensauce (Foto)

6–8 EL Wasser
100 g Schokolade

1. Das Wasser in einem kleinen Stieltopf zum Kochen bringen.

2. Die Schokolade in kleine Stücke brechen, in das Wasser geben und so lange erhitzen (nicht kochen), bis eine dickflüssige Sauce entstanden ist (ab und zu durchrühren). Evtl. Wasser nachgießen.

3. Je länger die Sauce erhitzt wird, desto besser wird sie.

> **Tip:** Anstelle von Wasser Milch oder Sahne nehmen.

Erdbeersauce

300 g Erdbeeren
3 EL Rum
1 Pck. Vanillin-Zucker
Zimtpulver

1. Die Erdbeeren verlesen, waschen, abtropfen lassen, entstielen und pürieren.

2. Mit Rum, Vanillin-Zucker und Zimt abschmecken. Kalt stellen.

> **Tip:** Zu Eis oder Vanillecreme reichen.

Vanillesauce

450 ml Milch
1/2 Vanilleschote
3 Eigelb
50 ml Milch
3 EL Zucker

1. 400 ml Milch mit der aufgeschlitzten Vanilleschote aufkochen und von der Kochstelle nehmen.

2. Das Eigelb mit der restlichen Milch und dem Zucker verrühren, unter Rühren in die heiße, nicht kochende Milch geben und bei kleiner Hitze so lange aufschlagen, bis die Sauce cremig wird. Schote entfernen.

3. Im kalten Wasserbad weiterschlagen und kalt stellen.

Stachelbeersauce (Foto)

1 Zwiebel

2 EL Butter

1 EL Weißweinessig

5 EL Stachelbeer-Konfitüre

100 ml trockener Sherry

1 geh. TL Speisestärke

1 TL Worcestersauce

Salz

frisch gemahlener Pfeffer

evtl. einige frische
Stachelbeeren

1. Die Zwiebel abziehen und fein würfeln. Die Butter zerlassen und die Zwiebel darin hellbraun andünsten. Essig zugießen, Konfitüre einrühren, Sherry dazugießen und einmal aufkochen lassen.

2. Die Speisestärke mit etwas kaltem Wasser anrühren und die Sauce damit binden. Mit Worcestersauce, Salz und Pfeffer abschmecken. Nach Belieben zuletzt noch einige frische Stachelbeeren in der Sauce gar ziehen lassen.

> **Tip:** Die Stachelbeersauce paßt zu Kurzgebratenem und Frikadellen.

Süße Quittensauce

2 Quitten

Zitronensaft

100 ml Weißwein

100 ml Orangensaft

100 ml Birnensaft

1–2 EL Zucker

2 EL Quittengelee

50 g Johannisbeeren

Minzestreifen

1. Die Quitten schälen, vierteln, entkernen, in dünne Spalten schneiden, mit Zitronensaft beträufeln und in den Wein geben. Den Orangen- und Birnensaft hinzufügen und das Ganze zum Kochen bringen. Die Quitten darin bei schwacher Hitze etwa 30 Minuten gar kochen.

2. Mit Zucker und Gelee abschmecken und durch ein Sieb passieren.

3. Die Johannisbeeren abspülen, die Beeren von den Stielen streifen und mit Minzestreifen in die Sauce geben.

> **Tip:** Die Quittensauce paßt zu Pfannkuchen oder Waffeln mit Vanilleeis. Es können auch 2 Eßlöffel Granatapfelkerne statt der Johannisbeeren in die Sauce gegeben werden.

Verzeichnis der Rezepte nach Kapiteln

Dips

Obstsaucen und süße Saucen

Verzeichnis der Rezepte
in alphabetischer Ordnung